AF459996

LA BATAILLE DE RAMELIE,

PASTORALE EN MUSIQUE.

Mêlée de plusieurs Entrées Comiques.

Par le Sieur QUESNOT DE LA CHENE'E.

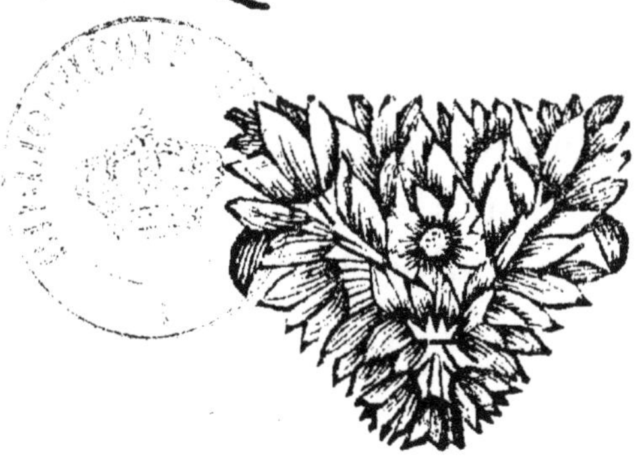

Aux dépens de l'Auteur.

M. DCC. VII.

AUX
TRES-NOBLES ET VENERABLES
SEIGNEURS,
LES
SEIGNEURS BOURGUEMAITRES
DE LA VILLE DE ROTTERDAM.

MESSEIGNEURS,

Je prens la liberté d'offrir à Vos Seigneuries un divertiſſement que j'ai composé ſur la Bataille de Ramelie. Je le fais, Meſſeigneurs, avec d'autant plus de plaiſir que cette heureuſe Journée qui mit nos Ennemis en déroute, cette Victoire ſignalée remportée par la valeur de vos Soldats a déja cauſé une joye univerſelle dans tout le Corps de la Republique, qui fait ſur le Theatre du Monde une figure ſi éclatante, & ſur tout dans vôtre Ville qui fait le plus bel ornement de l'Etat. J'oſe eſperer que V. S. recevront cet hommage, ou cette foible commemoration comme une marque ſenſible de mon zele.

J'avouë, Meſſeigneurs, que ce n'eſt pas mon fort que la Poëſie, & que vous ne trouverez pas dans cette piece toute la politesse qui se trouve ordinairement dans ces sortes d'Ouvrages. Je conviens même que tous les Vers dont je me suis servi, ne sont pas de ma façon. Je me suis plus attaché à la beauté du Spectacle, qu'à la regularité des Vers; ayant pris indifferemment ceux qui pouvoient servir à mon sujet, ou qui pouvoient faire dans la piece une divertissante & agreable varieté.

On a voulu, Messeigneurs, du commencement de mon entreprise, me faire craindre la censure Ecclesiastique. Mais pendant que quelques devots zelez déclament contre le Theatre; qu'ils publient que c'est un lieu dangereux, où l'on tend des pieges à l'innocence; que l'air qu'on y respire est empoisonné, capable d'entretenir où réveiller les passions; où les Concerts qu'on y entend sont des voix de Sirénes, qui par leur trompeuse douceur flattent les Auditeurs pour les déchirer cruellement: J'ai crû ne pouvoir mieux justifier les Spectacles, qu'en faisant connoître à ces Censeurs si zelez, que V. S. qui soûtiennent les interêts de la Religion avec tant de chaleur, autorisent les plaisirs innocens. Une Protection comme la vôtre, Messeigneurs, doit imposer silence, & forcer de respecter des plaisirs que vous approuvez. Peut-on condamner d'ailleurs les Spectacles qui ont été universellement reçûs dans les Cours de tous les Princes Chrêtiens: qui ont été honorez de l'approbation & de la protection des Personnes autant élevées par leur merite & leur pieté que par les premieres dignitez de l'Eglise ; qui font les delices & l'ornement des Royaumes, des Republiques, & des Villes les plus considerables.

J'avouë que ces sortes de Spectacles ont pris naissance chez les Payens, qui à l'occasion des Sacrifices & des Fêtes qu'ils celebroient en l'honneur de Bacchus, chantoient les loüanges de cette fausse Divinité, & representoient les plus belles des actions que les Poëtes lui attribuënt. Cette nouveauté plût si fort, que les sages politiques de la Grece ne trouverent pas indigne de la majesté de leurs Olimpiades, d'y introduire ces sortes de representations.

Les Romains voulurent aussi avoir part à ces divertissemens. Ils firent des dépenses extraordinaires pour l'embellissement de leur Theatre, où les Empereurs se firent un grand honneur de monter. La Religion Chrêtienne élevée sur les ruines du Paganisme, en abolissant les Sacrifices des fausses Divinitez, n'a pas laissé de se servir de quelques Ceremonies, qui pour avoir pris naissance parmi l'Idolatrie, n'avoient en elles rien de mauvais. Par exemple, les fleurs dont on couronne les mariées ; la joye, les jeux, les concerts, les dances, les bals, les festins qui accompagnent les ceremonies des nôces, sont d'éternels monumens des Fêtes que les

Payens celebroient le jour du Mariage des Personnes distinguées. L'usage des figures qu'ils élevoient dans les Places publiques à la gloire de leurs Souverains & de leurs Heros a passé jusqu'à nous: & tout cela autorisé par les décisions & la protection de tous les Prelats & Princes Chrêtiens. On ne sauroit donc, Messeigneurs, condamner aujourd'hui des divertissemens si innocens, sur le pretexte de leur origine; & encore moins des Concerts de Musique, que les plus Grands Princes de nos jours ont regardé & regardent encore comme une de leurs occupations favorites.

Je confesse, Messeigneurs, qu'on doit avoir horreur de tous ces Spectacles du Theatre de l'ancienne Rome, où l'on voyoit couler le sang des Gladiateurs & des miserables Acteurs qu'on y forçoit de paroître. La dissolution, la representation des actions les plus infâmes; le mépris & la profanation qu'on y faisoit des Mysteres & des Ceremonies les plus saintes de la Religion Chrêtienne, obligerent S. Jerôme, S. Chrysostome, S. Ambroise, S. Augustin, & les autres Peres du IV. & du V. Siecle d'écrire contre le Theatre. Mais l'Empereur Justinien aussi pieux que sage Legislateur, aprés avoir défendu tous les excés, les infâmies & les cruautez qui ensanglantoient ou noircissoient la Scene, fit inſcrire ce titre des Spectacles dans le Recueil des Loix qu'il fit publier ſous ſon nom, où il permet les Spectacles publics, pourvû que tout s'y paſſe dans l'honnêteté. Ce Grand Monarque nous fait voir qu'il n'y a aucun mal dans la profeſſion de l'Acteur, ni dans la conduite de ceux qui pour ſe délaſſer des fatigues du corps & de l'eſprit; vont entendre de belles voix & une agreable ſimphonie; qu'ils payent même quelque choſe pour en avoir le divertiſſement: Il ajoûte que ces ſortes de Jeux & d'Aſſemblées ſont auſſi neceſſaires pour le repos de l'eſprit, que le ſommeil l'eſt pour délaſſer le corps. Ce ſage Legiſlateur conclut enfin, que tous les divertiſſemens honnêtes ſont neceſſaires pour entretenir la Societé civile. Il faut abſolument à une grande Ville, un Spectacle pompeux pour faire plaiſir aux Etrangers, pour en faire profiter les Habitans, & pour délaſſer quelques momens ceux qui ſont à la tête du Gouvernement, des fatigues qui ſont inſeparables de la place qu'ils occupent: Les Princes ni les Magiſtrats ne ſont ni de bronze ni de marbre; il leur faut de l'amuſement & du repos comme aux autres hommes.

Je ne vois rien, Meſſeigneurs, de plus innocent, de plus noble, ni de plus beau, & j'oſe dire de plus neceſſaire dans une Ville auſſi riche & auſſi renommée que Rotterdam, où il paſſe & repaſſe un ſi grand nombre d'Etrangers, que l'établissement d'une Academie Royale de Musique : Le divertissement en est tres-agreable, & la dépense bornée : Cela occupe, délasse, & fait passer quelques heures à des gens qui se trouvant sans occupation, pourroient les employer au jeu ou à une débauche outrée.

Le Critique le plus severe ne condamne pas ces conversations dangereuses où le prochain n'est pas épargné, où l'esprit brille aux dépens de la réputation : Il autorise ces assemblées particulieres où la vertu & la pudeur font presque toujours nauffrage, & où un tête à tête commode réveille bien plûtôt les passions, que tous les Spectacles du monde. On a beau, Messeigneurs, nous dépeindre les passions du Theatre dangereuses, les hommes enyvrez des plaisirs du Siecle qui ne sont pas défendus, & qui cependant les écartent de la vertu, sont peu sensibles aux actions passionnées d'un Acteur qui represente ce qu'ils ressentent eux-mémes dans le commerce du monde, & qui ne le fait que pour leur en faire voir le ridicule.

Je commence à connoître, Messeigneurs, que mon Epître est trop longue, & qu'au lieu d'avoir fait vos éloges & d'avoir chanté vos vertus, je me suis attaché à faire l'apologie du Theatre. Mais que pouvois-je dire, Messeigneurs, à vôtre égard qui ne fût infiniment au dessous de ce que vous étes ;

puisque

vôtre fortune toute grande qu'elle est, paroît au dessous de vôtre merite ; & que vôtre pieté, plus grande encore que l'illustre rang que vous tenez dans la Ville & dans l'Etat, vous éleve au dessus de vôtre propre grandeur ? Le meilleur parti que je puisse prendre, c'est celui de finir & de vous assurer, Messeigneurs, que je suis & serai toute ma vie avec un profond respect, & un tres-parfait dévoüement,

MESSEIGNEURS,

Vôtre tres-humble, tres obeïssant
& tres-fidele Serviteur,
QUESNOT DE LA CHENE'E.

ACTEURS.

DEs Bergeres & des Bohemiennes.
Des Bergers & des Bergeres.
Un Paysan grotesque & goguenard,
Le Poëte croté.
Le Poëte mendiant.
La Muse Calliope.
Le Poëte divertissant.
La Muse Eraton.
Le Poëte heroïque.
La Renommée.
Apollon.
La Gloire.
La Sagesse.
Bellonne.
Des Combattans.
Un Combattant.
Des Amazones.
Choeur d'Amazones.
Nimphe de Brabant.
Nimphe de Flandres.
Une Nayade.
Un Amadriade.

LA

BATAILLE DE RAMELIE,

Pastorale en Musique, mêlée de plusieurs Entrées Comiques.

Le Theatre represente une Campagne prés d'une vaste Forêt.

ACTE I.

SCENE PREMIERE.

Une BERGERE, *& des* BOHEMIENNES.

LA BERGERE.

LE plaisir d'être aimé est un plaisir extréme ;
Mais, helas ! il n'est pas de tranquiles amours.
Il est vrai que mon Berger m'aime :
Mais je voudrois savoir s'il m'aimera toujours.

UNE BOHEMIENNE.

Où fuyez-vous si legere,
Et pourquoi nous craignez-vous? *Bis.*
Vos beaux yeux, belle Bergere,
Sont bien plus larrons que nous.
Où fuyez-vous si legere,
Et pourquoi nous craignez-vous?
Je dis la bonne fortune
Aux Bergeres comme vous:
Mais aux Bergers belle brune,
Vous la direz mieux que nous. *Bis.*

LA BERGERE.

On dit que vos discours ne sont que tromperie;
Mais je voudrois l'éprouver.
Dites-moi donc, je vous prie,
Ce qui me doit arriver.

LA BOHEMIENNE.

D'un beau jeune Berger vous avez blessé l'ame,
Et vous avez pour lui des sentimens bien doux:
Donc vos beaux yeux remplis de flâme
Sont bien plus dangereux que nous. *Bis.*

LA BERGERE.

A d'autres comme à moi vous en dites de même

Pour les flatter dans leurs amours.
Il est vrai que mon Berger m'aime;
Mais je voudrois savoir s'il m'aimera toujours.

LA BOHEMIENNE.

Vôtre cœur rempli d'allarmes
Craint en vain le changement,
Vos yeux n'ont que trop de charmes
Pour conserver un Amant.

LA BERGERE. *Air Italien.*

Non vantar, non vantar liberta
Omio cuor, se sciolto sei tu,
Qui trali laccia di servitu
Jotti veggo, soti véggo per vagabelta
Omio cuor, se scioto sei tu. *Bis.*
Entrée de Bohemiens & de Bohemiennes.

SCENE SECONDE.

Plusieurs Paysans, Bergers & Bergeres expriment ici leurs peines ou leurs amours, & font un spectacle assez bizarre, par la diversité de leurs Chansons & de leurs Entrées.

Une BERGERE

Est-il rien de plus beau qu'une innocente flame
Qu'un merite charmant allume dans nôtre ame;

Et ſeroit-ce un bonheur de reſpirer le jour,
Si de nos chers Hameaux on banniſſoit l'amour?
Non, non tous les plaiſirs ſe goûtent à le ſuivre,
Et vivre ſans aimer n'eſt pas proprement vivre.

2e. BERGERE.

Oüi cette paſſion de toutes la plus belle,
Traîne dans un eſprit cent vertus aprés elle;
Aux nobles actions elle pouſſe les cœurs,
Et tous les Grands Heros ont ſenti ſes ardeurs.

3. BERGERE.

Jamais dans ces beaux lieux nôtre attente n'eſt vaine,
Le bien que nous cherchons, ſe vient offrir à nous;
Et pour l'avoir trouvé ſans peine
Nous ne l'en trouvons pas moins doux.

Le *Chœur répete les quatre derniers Vers.*

Jamais dans ces beaux lieux nôtre attente n'eſt vaine
Le bien que nous cherchons ſe vient offrir à nous;
Et pour l'avoir trouvé ſans peine,
Nous ne l'en trouvons pas moins doux.

SCENE TROISIE'ME.

Entrée des Bergers & des Bergeres.

UN BERGER.

Lentement.

ECho qui dans ces lieux redis à tout moment
Les ſermens que me fait Climene,
De ne briſer jamais ſa chaîne,
Ceſſe de me flatter d'un bonheur ſi charmant.
Je ſai trop que cette inhumaine
Aime un autre Berger que moi:
Helas! que t'ai-je fait, pour vouloir avec elle
Tromper mon amour & ma foi?

Repriſe.

Helas! que t'ai-je fait, &c.

UNE JEUNE BERGERE.

Dans ces aimables lieux
Tout rit, tout enchante.
Non, les appas d'une gloire éclatante
Frapent bien moins nos yeux,
Que l'innocente vie
Que nous paſſons loin de l'envie,
Dans les ris & les jeux.

Le Chœur repete,

Dans ces aimables lieux, &c.

LE BERGER.

On voit d'une beauté les charmantes douceurs,
On en contemple tous les charmes,
On s'y brûle, on lui rend les armes;
C'eſt ainſi que l'amour s'allume dans nos cœurs.
J'eſperois noyer dans le vin
Mon triſte & malheureux deſtin,
Et quitter une volage.
Mais quelle eſt mon erreur,
Je ſens que la vapeur
De ce charmant bruvage,
Loin de guerir mon cœur,
L'enflame, l'enflame davantage;
Loin de guerir mon cœur,
L'enflame, l'enflame davantage.

UNE BERGERE VOLAGE.

Amour eſt un enfant volage,
Il paroît, il ne paroît plus;
On fait pour l'arrêter des efforts ſuperflus,
On ne le voit qu'au printemps de nôtre âge.
Laiſſez-moi, laiſſez-moi jeune Berger,
Je ne veux point m'engager:
Ie crains la crüelle peine
Qui ſuit une tendre ardeur.

Et c'eſt aſſez pour s'attirer ma haine
Que d'en vouloir à mon cœur.

Repriſe.

Et c'eſt aſſez, &c.

Le dernier chœur ſe repete.

Dans ces aimables lieux
Tout rit, tout enchante.
Non, les appas d'une gloire éclatante
Frapent bien moins nos yeux.
Que l'innocente vie
Que nous paſſons loin de l'envie,
Dans les ris & les jeux.

Seconde Entrée des Bergers & des Bergeres.

SCENE QUATRIE'ME.

UN PAYSAN groteſque & goguènard chante une vieille Chanſon.

LE pain blanc revient à grands frais,
Le bon vin ne ſe trouve guere
Et l'argent qui ſert à tout faire,
Devient plus rare que jamais.
Plaignons amis, plaignons nos infortunes,
La Guerre augmente nos beſoins;
Nos peines ſeulement ſont aujourd'hui communes:
C'eſt ce dont nous cherchons le moins;

C'eſt ce dont nous cherchons le moins.

Un autre PAYSAN GROTESQUE.

Le Printemps revient tous les ans,
A ſon retour tout renouvelle;
Cette ſaiſon eſt la plus belle
Pour les Dames & leurs Amans:
Moi qui n'aime que la vandange,
C'eſt à l'Automne que j'en veux;
Et je ne m'apperçois que la nature change
Que quand le vin nouveau prend la place du vieux.

Un autre PAYSAN *ruiné par les Fourageurs.*

Que nous importe doux Printemps
Que ta Saiſon ramene tous ſes charmes
Tandis que la fureur des Armes
Ravage & deſole nos champs?
Rend-nous plûtôt, s'il eſt poſſible,
Les douceurs d'une heureuſe paix,
Et le bonheur d'un ſort tranquile
Vaudra pour moi tous tes attraits.

UN JEUNE PAYSAN.

Toute l'Europe eſt ſous les Armes,
On s'occupe de toutes parts
A répandre du Sang, à forcer les Remparts,
Et Mars porte en tous lieux le trouble & les allarmes:

Puis que rien n'est en Paix il faut, mes chers amis,
Faire entre nous une Bachique Guerre;
Et faire voir à tous nos Ennemis
Que l'épée à la main, la bouteille & le verre
Les Alliez vaincront, vaincront toute la Terre.

Entrée de Paysans & d'Yvrognes.

Fin du premier Acte.

Le Theatre change & represente le Mont Parnasse.

ACTE II.

SCENE PREMIERE.

LE POETE CROTE', LE POETE MENDIANT, LA MUSE CALLIOPE, LE POETE DIVERTISSANT, LA MUSE ERATON, LE POETE HEROIQUE, LA RENOMME'E.

LE POETE CROTE'

SI la Gloire a pour vous des charmes,
Heros, elle est entre vos mains,
Executez de beaux faits-d'armes
Et payez de bons Ecrivains.

LE POETE MENDIANT.

J'immortaliſe la memoire
Des Grands, des Conquerans, des Princes & des Rois ;
Mes nouriſſons pourtant, poura-t'on bien le croire?
Ont peri de miſere & de faim quelquefois.

LA MUSE CALLIOPE.

Mes termes énergiques
Sont pour les demi-Dieux,
Je chante leurs faits glorieux,
Et leurs Exploits heroïques.

LE POETE DIVERTISSANT.

Quoi que mon chant n'ait rien que de vulgaire,
Qu'un Berger ou qu'une Bergere
Me prêtent leur langue & leur voix,
J'ai toutefois accés dans le Palais des Rois,
Et j'ai le bonheur de leur plaire.

LA MUSE ERATON.

Sans aimer, à l'amour je me ſuis dévoüée,
Mes chanſons embraſent les cœurs,
Ma lyre eſt toujours enjoüée,
Et je chante Apollon & les Muſes mes Sœurs.

LE POETE HEROIQUE.

Je ne chante que les Heros,
Que leurs exploits, que leurs travaux,
Que leurs revers, que leurs metamorphoſes:
Mon chant n'a pour objet que les plus grandes choſes

LA RENOMME'E.

Le plus grand de tous les Exploits
Sans moi s'en iroit en fumée;
C'eſt la voix de la Renommée
Qui fait valoir les Heros & les Rois.
Mon Empire s'étend ſur la Terre & ſur l'Onde,
Et d'un vol tres-leger je parcours tout le Monde.

Entrée des Poëtes & des Muſes.

SCENE SECONDE.

APOLLON.

JOignons tous nos accords, approchez-vous Acante
Fille de l'harmonie, ô Paix douce & charmante,
Comme j'unis les voix reviens unir les cœurs!
Par ſon retour la ſaiſon la plus belle
Annonce en mille endroits la Guerre & ſes fureurs:
Fais qu'en ces lieux la Paix ſe renouvelle.

Chœur.

O Paix, reviens unir les cœurs.
Par ſon retour la ſaiſon la plus belle
Annonce en mille endroits la Guerre & ſes fureurs.
Fais qu'en ces lieux la Paix ſe renouvelle.

L'*Entrée des Poëtes & des Muſes ſe continue.*

SCENE TROISIE'ME.

LA GLOIRE, LA SAGESSE, *Suite de* LA GLOIRE.

LA GLOIRE.

PUiſqu'un même deſſein vient de nous joindre enſemble,
Uniſſons nos cœurs & nos voix;
Que l'on s'empreſſe & qu'on s'aſſemble
A reconnoître ici les Protecteurs des Rois.

LA SAGESSE.

Ils aiment les bons, puniſſent les ingrats;
L'innocence accablée a recours à leur bras;
La Juſtice trop foible au ſecours les appelle,
Et leurs vertus meritent une gloire immortelle.

Chœur des Suivans de la Gloire.

Publions par toute la Terre

Et leurs douceurs & leurs bienfaits,
Puisque nous joüissons au milieu de la Guerre
Des innocens plaisirs d'une profonde Paix.
Puissions-nous voir toujours cette Ville abondante;
Puissent nos Magistrats paisibles en leurs Etats,
La rendre heureuse & florissante,
En défendant toujours les plus Grands Potentats.

Fin du second Acte.

Le Theatre change & represente un Champ de Bataille, où l'on voit des mourans & des blessez, & tout le reste en desordre.

ACTE III.

SCENE PREMIERE.

BELLONE paroît étonnée d'une déroute & d'une confusion si extraordinaire, & chante les paroles suivantes.

AH, quel bruit! quel fracas!
Quel mêlange!
Quelle cohuë étrange!
Quel embarras!
Arrêtez, retenez vos coups,
Heros, où courez-vous?
Mais, ô Ciel, que voyons-nous?

Une Troupe de Combattans paroissent & forment une marche, apportant les Etendarts & les Dépoüilles des Ennemis vaincus; & une partie de nos Soldats victorieux chantent ce qui suit.

SCENE SECONDE.

Victoire, victoire, victoire,
Nous combattons tous pour la gloire.
Chantons tous en Paix,
Chantons la Victoire,
Et que la memoire
En dure à jamais.

Le grand Chœur repete les mémes Vers.

Victoire, victoire, &c.

Les Combattans forment entr'eux un Combat à la maniere des Anciens, & paroissent avec l'Epée & le Bouclier; & aprés que le Combat est fini, un des Combattans chante l'air suivant:

Nous savons profiter
Du bonheur de nos Armes,
Et nous savons goûter,
Nonobstant les allarmes,
Un sort tout plein de charmes.
Sans nous arrêter
Il faut profiter

Du

Du bonheur de nos armes

Le grand Chœur se repete.

Victoire, victoire, &c.

UN AUTRE COMBATTANT.

Vivez Heros redoutables,
Vivez, rendez-nous heureux.
Les Dieux vous sont favorables;
Rendons-leur graces en ces lieux
Et que la Victoire
Vous comble de Gloire:
Chantons vos exploits,
Et suivons vos loix.

Entrée des Combattans.

BELLONNE.

C'est assez, amis, c'est assez
Allez, je reconnois tous vos soins empressez,

Les Combattans se retirent dans le même ordre qu'ils sont venus.

SCENE TROISIEME.

Il paroît une troupe d'Amazones qui environnent la Reine d'Angleterre sous la figure de la Déesse Pallas, & une d'entr'elles chante les paroles suivantes.

CHarmante Déesse, trop aimable Pallas
Animez nos cœurs & nos bras:
Que par vôtre faveur puissante
La victoire suive nos pas:
Que l'Angleterre florissante
Porte la crainte & l'épouvante
Chez les plus fiers des Potentats.

SECONDE AMAZONE.

Nous regardons nôtre Princesse
Comme un Don le plus grand des Cieux.
Que son Regne si glorieux
Nous comble toutes d'allegresse.

3e. AMAZONE.

Le plus vaillant Guerrier s'abuse,
D'oser tant esperer de l'effort de son bras,
Si vous voulez vaincre Meduse
Portez le bouclier de la sage Pallas.

4e. AMAZONE.

Que la valeur & la prudence

Quand elles sont d'intelligence
Achevent d'Exploits glorieux !
Les Monstres les plus furieux
Leur font vainement résistance.

5e. AMAZONE.

Je vois flétrir en peu de temps
Ce que j'ai vû fleurir avec tant d'excellence.
Ah, qu'une prompte decadence
Suit de prés les Etats qu'on croit les plus constans !

Le Chœur des Amazones.

Heureuse Reine quelle Gloire
D'avoir remporté
Une entiere Victoire
Sur tant de fierté !
O Pallas favorable,
Déesse redoutable
Protegez-nous toujours,
Nous reverons vôtre puissant secours.

Une partie des Amazones forment une Dance pour remercier Pallas des heureux succés de l'Angleterre & des Alliez. Et aprés la Dance, qui se fait au son des Instrumens de Guerre, une Amazone chante :

Il n'est point de Grandeur charmante
Sans la Gloire & sans la Valeur ;

Rien ne plaît, rien n'enchante
Sans la Gloire & sans la Valeur,
Rien ne contente
Un fier cœur,
Il n'est point de Grandeur charmante
Sans la Gloire & sans la Valeur.

Le Chœur repete.

Il n'est point de Grandeur, &c.

Les Amazones dancent encore une Entrée au son des Instrumens de Guerre

PALLAS, *parlant à la Nation Angloise.*

Ce n'est plus le temps des allarmes,
Faisons renaître les plaisirs;
C'est assez loin porter nos Armes
Bornons nos genereux desirs.
Laissons à Marlborough le soin de nôtre gloire;
Hoogsted n'étoit pour lui qu'une foible Victoire,
Ramelie va combler ce Glorieux Vainqueur,
Et ce n'est pas encore assez pour sa valeur;
Soûtenu par un Chef renommé comme lui,
Ils veulent soûmettre aujourd'hui
L'invincible Heros, le Vainqueur de la Terre;
Au fonds de ses Etats ils vont porter la Guerre:
Et semblent vouloir tour à tour

En effaçant toute sa Gloire,
En aquerir plus en un jour
Qu'il n'avoit fait par cent Victoire.

Le grand Chœur.

Que ce Pays se réjoüisse,
Que la Hollande retentisse
Du Nom de ces fameux Guerriers.
Que le Ciel les unisse
Au Temple de Memoire
Par des Couronnes de Lauriers
Faites des mains de la Victoire.

Les Amazones font une Entrée generale, & se retirent.

Fin du troisiéme Acte.

Le Theatre change & ressemble à un lieu champêtre.

ACTE IV.

SCENE PREMIERE.

UNE NIMPHE DE BRABANT, & UNE NIMPHE DE FLANDRES.

LA NIMPHE BRABANÇONNE.

DEpuis qu'un Heros invincible
Répand ſur nous ſes bienfaits,
Nous goûtons un loiſir paiſible.
Tout répond à nos ſouhaits.

LA NIMPHE DE FLANDRES.

Il va nous procurer la Paix & l'abondance,
Qu'il étende par tout ſa gloire & ſa puiſſance,
C'eſt à ſon bras que nous devons
Le bonheur dont nous joüiſſons.

LA NIMPHE BRABANÇONNE.

Cheri des Dieux, des Mortels admiré,
Prompt dans tous ſes projets, terrible dans la guerre,
Nous voyons ſon nom reveré
Dans tous les endroits de la Terre.

SCENE SECONDE.

TRIO chanté par une Nimphe, une Nayade, & un Ruisseau.

NE nous lassons jamais
De celebrer sa Gloire;
Que sa bonté, que ses bienfaits
Soient gravez dans nôtre memoire.

Chœur.

Ne nous lassons jamais, &c.

LA NIMPHE *seule*.

Quel bruit harmonieux
Nous surprend, nous enchante!
Quelle Divinité descend ici des Cieux
Et répand tout à coup la lumiere éclatante
Qui brille dans ces lieux!

SCENE TROISIE'ME.

APOLLON, parlant à tous les Peuples des Pays-Bas Espagnols.

O Peuples fortunez,
Qui vivez à l'abri d'un Prince magnanime;
O vous qui de me voir paroissez étonnez,
Sachez que ce Heros a toute mon estime.

Il eſt l'objet de mes ſoins les plus chers,
En vain je parcours l'Univers ;
Rien ne peut égaler ſa valeur, ſon adreſſe.
Muſes témoignez-lui toute vôtre tendreſſe,
Et par vos Concerts les plus doux
Faites qu'il tourne ici ſes regards juſqu'à nous,

CHOEUR DES MUSES.

Flutes.

Montrons-lui nôtre tendreſſe,
Et par des Concerts les plus doux
Faiſons qu'il tourne ici ſes regards juſqu'à nous.

UNE NAYADE.

Des Muſes les chers nouriſſons
Font reſonner mille chanſons
Sur ce Prince que l'Univers admire.
Ho combien paſſe-t'il tous les Heros paſſez !
Tout le monde le dit aſſez,
Mais on ne le peut aſſez dire.

Une AMADRIADE, parlant à Apollon.

Venez, animez nos Concerts
Par les accords de vôtre Lire ;
Pour chanter d'un Heros les miracles divers
Nos voix ne peuvent y ſuffire.

Seconde NAYADE, *parlant à Apollon.*

Venez, que des neuf Sœurs la Troupe inseparable
Secondant nos efforts,
Forme un Concert plus doux & plus aimable,
Par ses charmans accords.

APOLLON.

Vous Peuples redoublez tous vos soins pour lui plaire
De lui vôtre bonheur dépend,
Preparez-vous, il vous entend!
Apprenez à toute la Terre
Les biens que sur vous il répand.

CHOEUR.

Redoublons nos soins pour lui plaire,
De lui nôtre bonheur dépend,
Preparons-nous il nous entend.
Apprenons à toute la Terre
Les biens que sur nous il répand;
Redoublons nos soins pour lui plaire,
De lui nôtre bonheur dépend.

APOLLON, *s'addressant toujours au Peuple.*

Qui pourroit résister à ce Heros si doux?
Chaque moment lui sert pour augmenter sa Gloire:

Son grand cœur à son gré fait voler la Victoire,
Et tous ses grands projets ne regardent que vous.
Ne vous affligez point de tomber en ses mains.
Aprés avoir souffert les horreurs de la Guerre,
Il est bon de rester à l'abri du Tonnerre.
Et de se voir soûmis au plus doux des humains.

Réponse des Peuples chantée par une Nimphe.

Prince dont la valeur nous donne le repos,
Viens goûter avec nous le fruit de la Victoire,
Le Ciel qui t'a choisi pour guerir tous nos maux,
Nous ordonne aujourd'hui d'en graver la memoire
Dans nos Temples, dans nos Hameaux:
Vive, ce Grand Heros, à jamais dans l'Histoire
Marlborough qui par ses travaux
Nous comble de ses biens, & se couvre de Gloire.

CHOEUR.

Redoublons nos soins pour lui plaire,
De lui nôtre bonheur dépend;
Preparons-nous, il nous entend:
Apprenons à toute la Terre
Les biens que sur nous il répand,
Redoublons nos soins pour lui plaire,
De lui nôtre bonheur dépend.

Le Peuple pour exprimer sa joye forme ici une Dance à sa maniere, qui finit le quatriéme Acte.

Le Theatre change & represente plusieurs maisons ruinées, dans l'enfoncement d'un Bois.

ACTE V.

SCENE PREMIERE.

DAMON, *parlant à des Bergers fugitifs & refugiez dans une Isle forte située dans les Pays-Bas.*

Aprés tant de malheurs,
Aprés tant de miseres,
Tant de peines ameres
Faites cesser vos pleurs;
Goûtez, goûtez Bergers, goûtez tous dans cette Isle
Les douceurs, les plaisirs d'une vie tranquile;
Chantez la valeur d'un Heros
Qui vous donne un heureux repos.

CHOEUR *des Bergers de cette Isle.*

Goûtez, goûtez Bergers, goûtez tous dans cette Isle
Les douceurs, les plaisirs d'une vie tranquile
Chantez la valeur d'un Heros
Qui nous donne un heureux repos.

CHOEUR *des Bergers fugitifs.*

Aprés tant de malheurs,

Aprés tant de miſeres,
Tant de peines ameres
Faites ceſſer vos pleurs.

Les deux Chœurs enſemble.

Goûtons, goûtons Bergers, goûtons tous dans cette Iſle.
Les douceurs, les plaiſirs d'une vie tranquile ;
Chantons la valeur d'un Heros
Qui nous donne un heureux repos.
Chantons-le tous, ce Heros plein de Gloire,
Honorons ſa vertu, celebrons ſa Victoire ;
C'eſt un Heros fameux par mille & mille exploits :
Ah, que l'on eſt heureux d'obéïr à ſes loix :

Entrée de Bergers & de Bergeres mélez avec les Habitans du Pays, portant chacun ſa houlette, & témoignant par leur Dance la joye qu'ils ont de leur delivrance.

DAMON.

Tous nos Ennemis ſont défaits,
Goûtons les douceurs de la Paix.
O trop heureux Bergers ; celui qui nous la donne
Eſt un puiſſant Vainqueur que la gloire environne.
C'eſt un Heros dont le Ciel a fait choix
Pour renverſer l'Empire des Gaulois.

Chantons Bergers la valeur éclatante
De ce vaillant Heros :
Ah, si cette Isle est triomphante,
C'est à lui qu'elle doit sa gloire & son repos

Le *Chœur*.

Chantons, chantons la valeur éclatante
Du plus grand des Heros,
Ah, si cette Isle est triomphante,
C'est à lui qu'elle doit sa gloire & son repos.

DAMON.

A present que tout est tranquile
Dans cette Isle,
Que nos Ennemis sont défaits,
Allons publier les bienfaits
D'un Heros tout brillant de Gloire
Allons celebrer sa Victoire.

APOLLON.

Aprés vos troubles & vos larmes
Allez en paix rebâtir vos maisons :
Un doux repos succede à vos allarmes,
Vous n'aurez plus que de belles saisons.
Habitans de ces lieux ne craignez plus Gallie,
Vous ne sentirez plus l'effet de sa furie :
Un Heros glorieux, l'espoir de l'Univers,

Vient par l'ordre des Dieux la mettre dans les fers,

Le Chœur des Habitans.

Aprés nos troubles & nos larmes,
Allons en paix rebâtir nos maisons ;
Un doux repos succede à nos allarmes,
Nous n'aurons plus que de belles saisons.
N'apprehendons plus de Gallie
Ni la rage, ni la furie,
Un Heros glorieux, l'espoir de l'Univers,
Vient par l'ordre des Dieux la mettre dans les fers.

On continuë la même Entrée, aprés laquelle le Chœur des habitans se repete.

Aprés nos troubles & nos larmes,
Allons en paix rebâtir nos maisons, &c.

FIN.

www.ingramcontent.com/pod-product-compliance
Ingram Content Group UK Ltd.
Pitfield, Milton Keynes, MK11 3LW, UK
UKHW020511180726
13839UKWH00005B/2023

9 782329 594538